I0099230

LA FRANCE

DRAMATIQUE

AU DIX-NEUVIÈME SIÈCLE,

Choix de Pièces Modernes.

Odéon

ANDRÉ CHÉNIER,

DRAME EN TROIS ACTES ET EN VERS.

C. T.

871—872.

PARIS,

C. TRESSE, ÉDITEUR,

ACQUÉREUR DES FONDS DE J.-N. BARBA ET V. BEZOU,

SEUL PROPRIÉTAIRE DE LA FRANCE DRAMATIQUE,

PALAIS-ROYAL, GALERIE DE CHARTRES, Nᵒˢ 2 ET 3,

Derrière le Théâtre-Français.

1843.

ANDRÉ CHÉNIER

DRAME EN TROIS ACTES ET EN VERS,

PAR JULIEN DALLIÈRE,

Représenté pour la première fois, à Paris, sur le théâtre royal de l'Odéon,
le 27 décembre 1843.

DISTRIBUTION DE LA PIÈCE

ANDRÉ CHÉNIER......................................	MM. BOUCHET.
HOCHE...	GODAT.
CHÉNIER père	DARCOURT.
MARIE-JOSEPH	FÉLIX.
SALIGNAC-FÉNELON..................................	ROUVIÈRE.
GRANDAIS...	HARVILLE.
BRUTUS...	BARRÉ.
PREMIER GEOLIER..................................	DRIN.
DEUXIÈME GEOLIER.................................	PÉRÈS.
LA JEUNE CAPTIVE.................................	Mlle EMILIE VOLET.
SOLDATS. — CAPTIFS.	

Hoche, costume de général républicain.

Marie-Joseph, costume de représentant, ceinture et plumes tricolores.

Brutus, chapeau à cornes avec des plumes, ceinture tricolore. Il doit porter un grand sabre.

ACTE PREMIER.

LE POÈTE.

La Conciergerie. Porte grillée au fond. (Elle ne doit s'ouvrir qu'à la fin.) Deux autres portes également au fond ; la première, à droite du spectateur, conduit au tribunal révolutionnaire; la seconde sert à toutes les entrées qui se font du dehors. Sur le premier plan, à droite et à gauche, cellules des prisonniers.

SCÈNE I.

Au lever du rideau, le DEUXIÈME GEOLIER se promène au fond du théâtre. Des PRISONNIERS formant différens groupes causent à voix basse ou dessinent. GRANDAIS debout, un journal à la main, parle avec insouciance et gaîté à PLUSIEURS DAMES assises sur des chaises. SALIGNAC-FÉNELON est près d'une petite table; à droite du spectateur, ANDRÉ CHÉNIER est assis sur un banc de pierre contre une colonne; LA JEUNE CAPTIVE est auprès de lui. — Il est nuit, un réverbère est allumé à la colonne.

A. CHÉNIER.

Cette nuit, des geoliers trompant la vigilance,

Ici je reviendrai dans l'ombre et le silence ;
J'achèverai ces vers, et je vous les promets.

LA JEUNE CAPTIVE.

Vous promettez toujours et ne tenez jamais ;
Vous différez sans cesse...

A. CHÉNIER.

Ah ! c'est me faire injure,

Vous les aurez... demain.

LA JEUNE CAPTIVE.

Sans faute ?

A. CHÉNIER.

Je le jure.

J'ai commencé.

LA JEUNE CAPTIVE.

Voyons !

(Elle prend une feuille et lit.)

1844

« *La Jeune Captive.*
« L'épi naissant mûrit de la faux respecté;
« Sans crainte du pressoir, le pampre, tout l'été,
     » Boit les doux présens de l'aurore;
« Et moi, comme lui belle, et jeune comme lui,
» Quoi que l'heure présente ait de trouble et d'en-
     » Je ne veux pas mourir encore! »   [nui,
         C'est pour moi?... Quel bon-
Quelle naïveté! quelle aimable candeur !   [heur!

A. CHÉNIER.

Oui, ce tableau plaira... pourvu qu'il soit fidèle;
Car j'avais devant moi le plus divin modèle !

GRANDAIS, à gauche du spectateur.

Bien, monsieur de Chénier ! — C'est très joli. Voilà
Qui prouve justement ce que je disais là.

LA JEUNE CAPTIVE.

Et monsieur, vous disiez ?...

GRANDAIS.

         Qu'à la Conciergerie
L'urbanité française et la galanterie
Se retrouvent. — Bon ton, bonne société...
Moi je m'y plais... d'honneur ! — Vive la liberté !

A. CHÉNIER, vivement.

Vous avez un journal... Eh bien ! quelles nouvel-
GRANDAIS, avec indifférence.   [les ?...
On dit que les Français sont entrés à Bruxelles...

A. CHÉNIER, le parcourant rapidement.

Oui, partout la victoire accompagne leurs pas.
Quels succès ! Les voilà maîtres des Pays-Bas!
Ah ! monsieur de Grandais, bientôt la république...

GRANDAIS.

Je me suis mal trouvé de parler politique,
— Serviteur.

A. CHÉNIER.

     Quoi ! toujours et frivole et joyeux ?...
GRANDAIS.   [mieux...
Du tout, je suis suspect... Et j'aime beaucoup
(Il se retourne et va s'entretenir avec une dame.)

A. CHÉNIER, avec une chaleur croissante.

La Vendée est en feu ! — Quelle lutte terrible !
Que la guerre civile est un spectacle horrible...
Malheureux Vendéens, que de sanglans lauriers !
Pourquoi quitter vos champs, déserter vos foyers?
On vous trompe en disant que le ciel vous protège,
— Combattre son pays est toujours sacrilége!
Le doigt de l'Angleterre est là comme en tous lieux;
Sur nos divisions elle a toujours les yeux....
Elle va mendier le secours de l'Espagne...
La voilà qui débarque aux côtes de Bretagne...
Dans tes déchiremens, la dent du léopard,
France ! de tes lambeaux voudrait avoir sa part !
— De grands hommes vont naître... Ouverte est
         [la carrière !
Malgré moi je reporte un regard en arrière.
Oh ! que ne suis-je encor soldat comme à vingt ans !

LA JEUNE CAPTIVE.

Quoi ! monsieur, vous avez servi ?...

A. CHÉNIER.

         Trop peu de temps !
L'ouragan n'avait pas éclaté sur le monde ;
Et je m'ennuyais, moi, de cette paix profonde ;
J'accourus à Paris, brûlant d'activité,
Lutter par la pensée, et pour la liberté !

GRANDAIS.

Le peuple souverain paya bien cet hommage.

A. CHÉNIER.

Ces forfaits, croyez-moi, ne sont pas son ouvrage.
Le peuple qu'on soulève, ardent, mais généreux,
Ne sait pas s'abreuver du sang des malheureux.
Il peut, brisant enfin sa chaîne et sa misère,
Se rappeler ses maux dans un jour de colère;
Terrible, quand le vent des révolutions
Dans leurs vieux fondemens sape les nations,
Le torrent se déborde, et le volcan qui gronde
Disperse à flots brûlans sa lave sur le monde;
Mais lorsque, revenu de son premier transport,
Il s'arrête au milieu d'un silence de mort,
Quand il voit en son nom commettre tant de crimes,
Alors, il n'entend plus que le cri des victimes ;
Sa colère fait place aux sentimens humains,
Et la faux redoutable échappe de ses mains !

GRANDAIS.

Fort bien. — En attendant cet heureux jour de fête,
L'excellent peuple ira voir tomber votre tête.

LA JEUNE CAPTIVE.

Ah !

A. CHÉNIER.

     Vous avez raison, le flot peut m'emporter ;
— Et pourtant il sera des gloires à chanter !

LA JEUNE CAPTIVE, au vieillard.

Venez donc leur parler d'espérance, mon père !
(Haut.)
Ce sujet qui m'attriste et qui me désespère,
Monsieur de Chénier l'aime...

GRANDAIS.

         Oui, grondez-le bien fort!
C'est un homme de cœur, mais la tête !...

A. CHÉNIER.

         J'ai tort.

LA JEUNE CAPTIVE, à part.

— Se compromettre !
(Haut.)
     — Mais dites-moi, je vous prie,
Quel charme y trouvez-vous? — Quand on a du
         [génie
On devrait, pour l'amour de ceux qui nous sont
         [chers,
Quitter la politique et faire de beaux vers...
(Au vieillard.)
Jugez entre nous deux.

SALIGNAC, passant au milieu.

         Vous êtes la plus sage.

LA JEUNE CAPTIVE.

Vous l'entendez, monsieur !...

SALIGNAC.

         Laissez passer l'orage,

Mes enfants ! — Tout d'espoir ne peut se briser là !
Un ange est avec vous, et Dieu vous sauvera.

LA JEUNE CAPTIVE.

Vous aussi !

SALIGNAC, calme et souriant.

Je suis vieux, ma tâche est accomplie ;
Qu'on épargne vos jours, et qu'on prenne ma vie ;
Moi prêtre, moi chrétien, je suis prêt à partir,
Je bénirai le ciel si je tombe en martyr !

A. CHÉNIER.

On vous respectera, même au temps où nous
                                    [sommes ;
Vous, né du même sang que le plus pur des hom-
                                    [mes,
Vous qui lui ressemblez, vous qui portez son nom,
On vous respectera... monsieur de Fénelon.

DEUXIÈME GEOLIER, aux prisonniers.

Il est temps de rentrer.

LA JEUNE CAPTIVE, à André.

Adieu ! — Bonne et fidèle,
La muse vous attend... je vous laisse avec elle !
(Les prisonniers se retirent dans les cellules, les hommes d'un côté, les femmes de l'autre. — Chénier
donne le bras à Salignac.)

SCÈNE II.

DEUXIÈME GEOLIER, PREMIER GEOLIER,
descendant les marches qui conduisent au tribunal.

DEUXIÈME GEOLIER, rangeant quelques chaises.

C'est fini ?

PREMIER GEOLIER.

Tout à l'heure. On rend le jugement.

DEUXIÈME GEOLIER.

Et tu n'as pas voulu savoir le dénouement ?

PREMIER GEOLIER.

Pourquoi ? Le tribunal en pareille matière
Juge toujours, mon cher, de la même manière.
Autrefois on eût dit : C'est ceci, c'est cela ;
Nous allons droit au fait,... les principes.

(Il fait un geste énergique.)

                        — Voilà !

— Ils ont dans la prison conspiré...

DEUXIÈME GEOLIER.

                        Pourquoi faire ?

PREMIER GEOLIER.

Pour s'évader.

DEUXIÈME GEOLIER.

Coquins ! ce n'est pas notre affaire.
S'il en manquait un seul, on s'en prendrait à
As-tu bien visité les grilles, les verroux ?   [nous.

PREMIER GEOLIER.

Oui, de plus, j'ai lâché de bonnes sentinelles,
Quatre dogues à moi... gardiens sûrs et fidèles.
— On n'en dit pas autant de beaucoup de geoliers
Qui se laissent gagner par l'or des prisonniers.

DEUXIÈME GEOLIER.   [guère,

Ce n'est pas moi toujours, et je ne les plains
Menant joyeuse vie et faisant bonne chère,
Qu'ont-ils à désirer ? Que leur refuse-t-on ?
Ils sont en liberté, même dans la prison.

PREMIER GEOLIER.

* C'est très vrai, Cassius, j'aime assez la réplique,
Et se plaindre de nous et de la république
Serait un tort.

DEUXIÈME GEOLIER.

                Sans doute. Ils sont là tout le jour,
Causant fort à leur aise...

PREMIER GEOLIER, souriant.

                        Et se parlant d'amour ! *
On le veut ; — mais tu sais les ordres qu'on nous
                                    [donne...

DEUXIÈME GEOLIER, allant aux portes des cellules.

Tout écouter,

PREMIER GEOLIER, à la grille.

Tout voir... — Tu n'entends rien ?

DEUXIÈME GEOLIER.

                        Personne.

PREMIER GEOLIER.   [lieux,

Bien. Couchons-nous alors, et qu'on sache en ces
Que le geolier qui dort ne ferme pas les yeux.

SCÈNE III.

ANDRÉ CHÉNIER.

(Il les suit un instant des yeux, puis s'avance en
            scène un cahier à la main.)   [pière.

Tout dort. — Qu'un doux sommeil ferme votre pau-
Victimes que marqua le doigt de Robespierre,
Nobles et plébéiens, sans pitié ni remord,
Il vous a confondus dans un arrêt de mort.
Regarde, ô Liberté, tomber de nobles têtes
Qu'on jette dans l'orgie à de sanglantes fêtes ;
Couvre de tes deux mains ton visage immortel,
En un vil échafaud l'on changea ton autel !
Chaque jour en ton nom une hyène affamée
Demande en rugissant sa proie accoutumée.
Ce n'était pas assez de la tête d'un roi,
Le sang du peuple même a jailli jusqu'à toi.
Oh ! ce n'est pas ainsi, Liberté que j'adore,
Que tu nous apparus quand brilla ton aurore ;
Quand tu vins échauffer de tes premiers rayons
L'enthousiasme saint de tes fiers bataillons ;
Et que ta voix portait par delà nos frontières
Les acclamations d'un grand peuple de frères !
Quel rêve et quel réveil... — Moi poète,.. il me
                                    [faut
Tomber d'un ciel si pur au pied de l'échafaud.
Adieu, mes chants d'amour et mes songes de-
                                    [gloire ;

* Supprimés à la représentation.

Pour protéger ma cendre et garder ma mémoire,
Je n'aurai que ces vers, misérables lambeaux...
Pâles fleurs que je sème à travers des tombeaux...
—Et mon front est brûlant!—Dans ma tête pres-
                                              [sées,
Jamais je n'ai senti tant de nobles pensées!
O fille de la Grèce, ô mon premier amour,
Muse qui me soutiens dans cet affreux séjour,
Fais que la liberté daigne enfin nous sourire,
Je trouverai des chants où ta grâce respire.
— Vivre! pour achever ce magique tableau...
Suzanne, ange du ciel, mon rêve le plus beau!
Je dirai ses attraits et sa blanche couronne,
Et les jardins pompeux, orgueil de Babylone,
Que de ces purs accens le charme et l'onction
Rappellent les accords des harpes de Sion...
Et puis je reviendrai sur les traces d'Homère,
Enthousiaste enfant, Grec aussi par ma mère!
— J'irai, quittant Éden et ses ombrages frais,
D'une terre encor vierge éveiller les secrets;
Je veux, sous les berceaux de la jeune Amérique,
Ressusciter les chants de l'épopée antique,
Et comme toi, Colomb! prenant un noble essor,
Trouver un nouveau monde avec ses mines d'or!
— Mais aujourd'hui du moins, pendant que tout
                                              [repose,
Jeune captive, à toi ces vers que je compose!
(Il écrit rapidement quelques vers sur une feuille de
                                              papier.)
— Peut-être que ces chants où je gémis sur toi
Feront qu'un jour aussi l'on pleurera sur moi,
Oui, l'on sera touché de cette voix plaintive,
De ce cri déchirant de la jeune captive
Redemandant au ciel la verdure et les bois,
Que peut-être elle a vus pour la dernière fois.
On m'écoutait... on vient de ce corridor sombre;
J'entends un bruit de pas... Qui donc marche dans
                                              [l'ombre?

∞∞∞∞∞∞∞∞∞∞∞∞∞∞∞∞∞∞∞∞∞∞∞∞∞∞∞∞∞∞∞

SCÈNE IV.

Une des portes du fond s'ouvre, HOCHE, SOLDATS,
GEOLIERS, avec des flambeaux. Ils restent en dehors, Hoche est jeté en prison.

A. CHÉNIER.
Encore une victime! un jeune homme!
                    PREMIER GEOLIER, de la porte.
                                              Voilà
Tes quartiers, général Hoche.
(André fait un mouvement en entendant prononcer le
                    nom de Hoche.)
                    PREMIER GEOLIER.
                              Quoi! Qu'est cela,
Citoyen Chénier? — Diable! on a bien de la peine
A se faire obéir.
(Il éteint le réverbère en montant sur le banc de pierre.)

Et que je t'y reprenne!
(A Hoche.)
Tu trouveras ici jeux, spectacles, concerts.
— Pour toi, le citoyen composera des vers.
              (Il rit, s'en va, et tire les verroux.)

∞∞∞∞∞∞∞∞∞∞∞∞∞∞∞∞∞∞∞∞∞∞∞∞∞∞∞∞∞∞∞

SCÈNE V.

ANDRÉ CHÉNIER, HOCHE.

HOCHE.
Comprenez-vous, monsieur, cet excès d'infamie!...
Moi, Hoche, moi, proscrit, moi, traître à la patrie!
On brise mon épée... Oui, moi, jeune soldat,
L'on me jette en prison la veille d'un combat!
                    A. CHÉNIER.
Les talens, un beau nom, inspirent de l'ombrage.
                    HOCHE.
Je suis enfant du peuple et n'ai que mon courage.
                    A. CHÉNIER.
Qui respecteraient-ils?... Malesherbe est ici.
                    HOCHE.
Je suis républicain.
                    A. CHÉNIER.
                    Moi, je l'étais aussi.
                    HOCHE.   [frontières,
Proscrit! et dans quels temps? Lorsque sur nos
Je vois de l'étranger s'avancer les bannières...
Lorsque mes compagnons, Kléber, Marceau, De-
                                              [saix,
Se couvrent de lauriers sous les drapeaux français,
Et je ne suis pas là dans cette illustre arène!
Au milieu de ma course, à vingt-cinq ans à peine,
Je tombe, quand mon cœur avec tant de fierté
Battait pour la patrie et pour la liberté!...
Oh! qui me renverrait parmi toutes ces gloires!
— Je voudrais me venger à force de victoires!
Pardonnez-moi, monsieur, j'ai troublé vos travaux;
Livrez-vous à l'étude au fond de ces cachots.
Je me retire.
                    A. CHÉNIER.
              Oh non! restez! votre courage,
Cet air... cette franchise et ce noble langage
Me font du bien. Restez! — Par le sort réunis,
Quelque chose me dit que nous serons amis.
              HOCHE, lui tendant la main avec cordialité.
Nous le sommes!
                    A. CHÉNIER.
                    Merci!
                    HOCHE.
                              Vous êtes moins à plaindre;
Vous, vous êtes poète, on ne peut vous atteindre.
                    A. CHÉNIER.
Il en est du poète ainsi que du guerrier,
Leur front s'abrite en vain à l'ombre d'un laurier.
                    HOCHE.
Il se rit des brigands dont la rage insensée

Peut enchaîner son bras et non pas sa pensée :
Car on ne brise pas avec sa liberté
Tous ses rêves de gloire et d'immortalité !

A. CHÉNIER.
L'avenir ! vain espoir pour le cœur du poète !
L'avenir ! et la hache est déjà sur ma tête !

HOCHE.
Mais le cygne s'envole en jetant pour adieux
Au monde qui le pleure un chant mélodieux !
Et moi, soldat captif, pour calmer ma souffrance,
Je n'aurai point, hélas ! ce rayon d'espérance;
Il faudra dévorer mes larmes... Ce n'est pas
Que je tremble à l'aspect d'un horrible trépas,
Qu'on invente pour moi le plus cruel supplice,
La mort peut me frapper sans que mon front pâ-
                                            [lisse.
Mais quel affreux tourment ! brûlant d'un feu sacré
Mourir sur l'échafaud et mourir ignoré !
Quelle est donc cette voix qui vibre à mon oreille,
Qui me parlant de gloire en sursaut me réveille ?
Ah ! si mon sort devait en ces lieux s'accomplir,
Si mon étoile au ciel devait sitôt pâlir,
                                        [saille
D'où vient que je palpite et que mon cœur tres-
Au seul mot de patrie... au seul mot de bataille?

A. CHÉNIER.
C'est qu'il est, mon ami, de ces hommes de cœur
Marqués par le génie... au cachet du malheur,
Plante dont l'aquilon a séché le feuillage,
Qui, sans porter de fruit, tombe et meurt avant
Que brise, dans sa force et dans sa liberté, [l'âge,
L'impitoyable main de la fatalité.

HOCHE, lui tendant la main.
Vous l'avez dit.

A. CHÉNIER.
                Du moins, si le destin contraire
M'arracha mes amis, Roucher, et toi, mon frère,
Le ciel compatissant voulut qu'en mon chemin
Hoche se rencontrât pour me serrer la main !
— Épanchons nos secrets comme au bord de la
                                            [tombe ;
Si c'est vous qu'on épargne, et si c'est moi qui
                                            [tombe,
Hoche, écoutez : Je laisse, en cet affreux séjour,
Un ange de beauté, ma vie et mon amour...
—Pauvre jeune captive, elle prie, elle espère !

HOCHE.
Ces pleurs que je comprends me rappellent ma
Orphelin, je ne puis la nommer autrement, [mère,
Celle qui m'entoura d'amour, de dévoûment.
Elle est pauvre, et j'étais son soutien, sa famille...

A. CHÉNIER.
Moi, je l'étais aussi pour cette jeune fille ;
L'échafaud dévora ses parens ; aujourd'hui,
Dans le monde, elle n'a que Chénier pour appui.
Vous êtes généreux, elle est jeune, elle est belle.
Si je pars le premier, ami, veillez sur elle !

HOCHE, [doux
Oui, frère ; et si c'est vous qu'on épargne, il m'est

D'emporter, si je meurs, même serment de vous...
Jurons de consoler, dans leur douleur amère,
Moi... cette jeune enfant...

A. CHÉNIER, tristement.
                            Et moi...

HOCHE.
                                    Ma vieille mère.

A. CHÉNIER, avec un sourire mélancolique.
Oui !
    (Le jour commence à poindre.)
            Ce rayon qui luit à travers les barreaux
Nous annonce le jour... et l'appel des bourreaux.

HOCHE.
Mais, en effet, ces cris...

A. CHÉNIER.
                        (Avec joie.)
            On vient à nous... C'est elle !

SCÈNE VI.

LES MÊMES, LA JEUNE CAPTIVE, accourant effrayée.

LA JEUNE CAPTIVE.
Sauvez-moi... sauvez-moi de ma frayeur mortelle !

A. CHÉNIER.
Qu'avez-vous, chère enfant ?

LA JEUNE CAPTIVE.
                            Plus rien, car je vous vois.
Mon âme se rassure au son de votre voix.
Quand les cris du vautour m'ont soudain réveillée,
J'étais comme l'oiseau qui dort sous la feuillée,
Échappé des réseaux de l'oiseleur cruel ;
Et croit voler enfin dans les plaines du ciel.
Je rêvais... écoutant d'une oreille attentive
Une voix qui disait à la jeune captive :
» Enfant, ne gémis plus ! un ange aux ailes d'or
» Ira briser tes fers aux jours de thermidor. »
Je ne voyais partout que de riants présages,
Plus de fronts attristés, de sinistres visages ;
Je n'ai jamais goûté de bonheur aussi doux ;
Vous ne m'en voudrez pas... j'étais libre avec vous !

A. CHÉNIER.
Ange !

LA JEUNE CAPTIVE.
    Aux cris des soldats et des bourreaux infâmes
Saisissant des vieillards, des enfans et des femmes,
Je m'éveille.

A. CHÉNIER.
            Oubliez ! chère enfant, calmez-vous,
(Lui montrant Hoche.)
Un noble cœur de plus est ici parmi nous.

LA JEUNE CAPTIVE, saluant.
Monsieur !

A. CHÉNIER.
        Le général Hoche, un ami sincère.

HOCHE.
Prisonnier comme vous.

A. CHÉNIER.
Il sera votre frère.

LA JEUNE CAPTIVE, au milieu et leur pressant la main.

Si jeunes tous les trois ; Dieu voudra nous sauver,
S'il nous a réunis, c'est pour nous conserver.

(On entend un grand bruit dans la cour.)

BRUTUS, en dehors.

« Condamnés par le tribunal révolutionnaire
« comme traîtres à la république une et indivi-
» sible. »

LA JEUNE CAPTIVE.

Dieu ! qu'entends-je !

A. CHÉNIER.

Écoutons !

(Les prisonniers se pressent autour des guichets dans des attitudes différentes.)

BRUTUS, appelant lentement.

Loizeroles.

A. CHÉNIER.

O crime !
—Bourreau, respecte donc un dévoûment sublime..
Son père a pris sa place, a subi son trépas !
Relâche cet enfant, il ne t'appartient pas !

BRUTUS.

Malesherbe !

A. CHÉNIER.

O vertu ! Quoi ! ce nom qu'on révère
N'a pas su conjurer la foudre populaire ?

BRUTUS.

Lavoisier !

A. CHÉNIER.

Oh !

(Brutus derrière le théâtre passe devant la grille.)

LA JEUNE CAPTIVE.

Que vois-je ? Oh ! mon Dieu, les voici...
Viennent-ils parmi nous se recruter aussi !

LE GEOLIER, dans la coulisse.

Par ici, maintenant, citoyen commissaire.

(Paraissant et annonçant.)

Au nom du tribunal révolutionnaire
Le citoyen Brutus !

A. CHÉNIER, à Hoche.

Vous l'entendez...

HOCHE.

Ainsi
Voilà ce que l'on veut et ce qu'ils font ici ?...
Quand partout retentit le cri de la victoire,
La terreur se promène et fait ombre à la gloire !
— Levez-vous, citoyens, renversez sous vos pas
Ces échafauds sanglans... la France n'en veut pas !

LA JEUNE CAPTIVE.

Les voilà !

A. CHÉNIER, regardant la jeune captive.

Tout mon sang dans mes veines se glace !

LA JEUNE CAPTIVE, joignant les mains.

Pour tous ces malheureux, citoyen, grâce... grâce !

(Frappée de terreur sous le regard dur et hautain de Brutus, elle achève ce dernier mot d'une voix tremblante et affaiblie, — Des prisonniers viennent du fond assister à cet appel. Terreur générale.)

SCÈNE VII.

LES MÊMES, BRUTUS, SOLDATS, GEOLIERS.

BRUTUS.

Qu'a donc la citoyenne ?.., On dirait qu'elle a peur.

LA JEUNE CAPTIVE, se soutenant à peine.

Moi, je n'ai nul motif de crainte ou de frayeur !
Qu'ai-je fait pour trembler ?... Mon nom ne doit
[pas être
Sur la liste... Oh ! je n'ai rien à craindre...

BRUTUS.

Peut-être ?

LA JEUNE CAPTIVE, se jetant dans les bras de Chénier.

Oh ! de ses bras alors il faudra m'arracher.

(Se dégageant et faisant un pas vers Brutus.)

Mais non, ce n'est pas moi que vous venez cher-

BRUTUS. [cher !...

Je n'en sais rien encor ; nous allons voir, que dia-
— Je fais à la petite une peur effroyable. [ble !

(Il rit : regardant sur la liste.)

Il nous en faut encor trois pour être au complet.

(Lisant.)

« Appelés par le tribunal révolutionnaire comme
» traîtres à la république une et indivisible. »
C'est ça : l'ex-général Deleure, s'il vous plaît,
Le ci-devant Grandais.

PREMIER GEOLIER.

L'ex-général Deleure
Vient d'être en l'autre salle appelé tout à l'heure.

BRUTUS.

Cela se peut. Alors...

(Avec un peu d'hésitation.)

Le ci-devant Grandais ?

GRANDAIS.

Vous êtes en retard et je vous attendais ;
Mais vous fîtes chez moi tant de fois antichambre,
Jadis, quand vous n'étiez que mon valet de cham-
[bre,
Que je ne peux vraiment vous en vouloir, Fabien !

(Aux captifs, en leur serrant la main.)

Que votre sort, amis, soit meilleur que le mien.
J'appris à vous connaître, à vous aimer.

BRUTUS, insolemment.

Silence !

(Grandais passe devant lui avec fierté et noblesse.)

A. CHÉNIER.

De quel autre va-t-il prononcer la sentence ?

BRUTUS, retournant sa liste.

La... ci-devant...

LA JEUNE CAPTIVE.

Je tremble ! ah ! je me meurs d'effroi !
La ci-devant ! Qui donc ? Mon Dieu ! si c'était moi !

BRUTUS, froidement.

La ci-devant... Anna d'Aubigné.

LA JEUNE CAPTIVE.

Je respire !

A. CHÉNIER.

Respecte le repos de la jeune martyre.
As-tu donc oublié le tombereau fatal
Qui l'a prise au sortir du sanglant tribunal?
Hier, elle est partie et n'est point revenue.
Le bourreau doit savoir ce qu'elle est devenue.

(Moment de silence et de stupeur. Le geolier fait signe
qu'en effet elle n'est plus là.)

BRUTUS.

Pourquoi ce nom alors n'est-il point effacé?

A. CHÉNIER, avec force.

Pourquoi ce nom plutôt a-t-il été tracé?

BRUTUS, appelant de nouveau.

Salignac-Fénelon.

A. CHÉNIER.

Ce vénérable prêtre !

SALIGNAC sort de la foule et dit avec douceur.

Je suis prêt !

BRUTUS.

Marchez donc ! conspirateur et traître.

SALIGNAC, levant les yeux au ciel.

A quatre-vingt-deux ans conspirer ou trahir !
Ma bouche ne s'ouvrit jamais que pour bénir.
O vous qui, sur la croix, n'avez maudit personne,
Mon Dieu, pardonnez-leur, comme je leur par-
[donne,
— Vous, adieu, mes enfants! ne plaignez pas mon
Pouvais-je désirer une plus belle mort?   [sort ;
Soyez bénis !

(Tous les prisonniers sont inclinés. La jeune captive
est à genoux.)

BRUTUS fait signe aux geoliers de faire sortir ceux
qu'il vient d'appeler.

(Un geolier s'avance pour soutenir Salignac. Le vieillard l'arrête d'un geste bienveillant, en montrant le
ciel qui lui donnera la force de marcher seul.)

C'est tout.. pour le moment.

(Grandais, Salignac, Brutus, les geoliers sortent par
la porte du fond à gauche.)

ooooooooooooooooooooooooooooooooooooooooooo

SCÈNE VIII.

ANDRÉ CHÉNIER, LA JEUNE CAPTIVE,
HOCHE.

A. CHÉNIER, hors de lui.

O rage !
Mais les hommes sont donc sans vertu, sans cou-
— Une arme dans mes mains !   [rage,

LA JEUNE CAPTIVE.

Silence, par pitié !
Mais cette fois encor vous êtes oublié...

A. CHÉNIER.

Moi.. qu'importe?

LA JEUNE CAPTIVE.

Cruel !

A. CHÉNIER.

Bourreaux!

LA JEUNE CAPTIVE.

Qu'osez-vous dire?

A. CHÉNIER.

Je songe à ce vieillard...

LA JEUNE CAPTIVE.

Mais... votre... ami... respire !..

A. CHÉNIER.

Tant de sang !

HOCHE.

Taisez-vous !

A. CHÉNIER.

Devant ces lâches, moi ?..

HOCHE.

Vous tous perdez...

A. CHÉNIER, avec explosion.

Eh bien ! ma tête au peuple-roi !

LA JEUNE CAPTIVE.

On nous laisse tous trois, j'étais presque joyeuse ;
C'est lui qui me tourmente et me rend malheu-
[reuse.

A. CHÉNIER.

Qu'entends-je !... Ah ! pardonnez !...

LA JEUNE CAPTIVE.

Ingrat qui veut mourir,
Il trouve du bonheur à me faire souffrir.

A. CHÉNIER.   [infâme...

Chère enfant, pardonnez ! — Mais aussi, c'est
Et puis-je dominer le transport de mon âme
Quand je vois...

LA JEUNE CAPTIVE, vivement.

Permettez... hier vous m'aviez promis
De lire quelque chose à vos meilleurs amis...

(Apercevant le cahier qui est sur la table.)

Et tenez, les voici, ce sont vos vers, je gage.
Oh ! je les aime tant !.., l'aimable et doux langage !
Je les garde.

A. CHÉNIER, souriant.

Non pas.

LA JEUNE CAPTIVE.

Alors vous les lirez.

(A Hoche.)

Vous aussi, n'est-ce pas, vous les écouterez ?...
Le style en est si pur, si naïf et si tendre,
Vous aurez comme moi plaisir à les entendre.

A. CHÉNIER.

Non, plus tard.

LA JEUNE CAPTIVE.

Tout de suite.

A. CHÉNIER.

Enfant, j'y travaillais ;
Ils ne sont pas finis.

LA JEUNE CAPTIVE, avec intention en prenant le bras
de Hoche et s'enfuyant rapidement.

Eh bien... achevez-les !

ACTE DEUXIÈME.

SCÈNE I.

PREMIER GEOLIER, ANDRÉ CHÉNIER, assis
sur le banc.

PREMIER GEOLIER, appelant.

Le citoyen Chénier !

ANDRÉ CHÉNIER.

Que vois-je ? ciel ! mon frère..
Et je me plaignais d'être oublié sur la terre !

SCÈNE II.

ANDRÉ CHÉNIER, MARIE-JOSEPH, qui s'avance
rapidement en scène; costume de représentant du
peuple ; il fait un signe impérieux au geolier, qui
s'incline et s'en va.

MARIE-JOSEPH.

Oublié ?

(A part.)

Plût au ciel !

(Haut.)

Oh ! ce n'est pas de moi,
Qui n'ai d'autre pensée et d'autre amour que toi.

A. CHÉNIER.   [donne,

Le malheur rend injuste et je souffrais... Par-

MARIE-JOSEPH,   donne,

Ne crois pas, cher André, que mon cœur l'aban-
A ces vils oppresseurs que ne puis-je arracher
Tant d'innocens, hélas ! toi du moins et Roucher.

A. CHÉNIER.

Roucher !

MARIE-JOSEPH.

Proscrit aussi !...

A. CHÉNIER.

Lui ! mon guide et mon maître,
Les tigres l'ont jeté...

MARIE-JOSEPH.

Dans ces cachots peut-être.

A. CHÉNIER.   [treux

Toi, Joseph, mon bon frère, en ces jours désas-
Te reste-t-il encor quelque pouvoir sur eux ?...

MARIE-JOSEPH.

Non, car j'ai du tyran froissé l'orgueil extrême ;
Il me déteste autant que je le hais lui-même.
Arriver jusqu'à toi, malheureux que je suis,
Grâce à mon titre vain, est tout ce que je puis.
Oh ! non, je n'attends rien de ce pouvoir funeste

Que je servis jadis, qu'aujourd'hui je déteste.
Ce salut désiré, que je rêve pour toi,
Peut-être ne dépend que de toi seul...

A. CHÉNIER.

De moi ?...

MARIE-JOSEPH, mystérieusement.

Oui, si tu peux encor l'observer et te taire ;
Il n'est pour te sauver qu'un moyen salutaire ;
C'est l'oubli ; l'oubli seul saura te protéger.
Voilà pourquoi moi-même, affrontant le danger,
Je suis venu vers toi, dans ta prison... Écoute :
Un puissant mouvement se prépare ; nul doute
Pour les cœurs généreux que la France bientôt
Ne chasse ses tyrans et brise l'échafaud...
Ce que je dis n'est point une menace vaine,
André, tu peux en croire et mes vœux et ma haine,
A l'heure où tu me vois, l'arrêt est prononcé,
Robespierre chancelle et son règne est passé.
—Mais retiens bien ceci ; point d'imprudence,

[frère,

Un seul mot peut te perdre aujourd'hui, quand

[j'espère !

Au nom de l'amitié, je t'en conjure, André,
Par les pleurs de ta mère et son amour sacré,
Retiens dans ses transports sa colère inutile.
Juge de mes terreurs. Dans mon secret asile,

(Lui montrant un papier.)

Tes iambes sanglans sont venus jusqu'à moi.

A. CHÉNIER, lisant le premier vers et récitant le reste
avec enthousiasme.

« Dans cet affreux repaire...

» Mille autres moutons comme moi,
» Pendus aux crocs sanglans du charnier populaire,
» Seront servis au peuple-roi ! »

MARIE-JOSEPH, lui arrachant le papier.

Silence, malheureux ! Quand le tyran sommeille,
A tes cris imprudens veux-tu donc qu'il s'éveille ?
Depuis qu'en ce cachot je te sais prisonnier,
Moi, pour faire oublier jusqu'au nom de Chénier,
J'ai fui de désespoir ce théâtre de crimes
Où je ne voyais plus que bourreaux ou victimes ;
Mais dans ma solitude, hélas ! que de douleurs !
Sur mon frère captif, que j'ai versé de pleurs !
Que de fois j'ai senti défaillir mon courage,
Quand j'entendais soudain, avec des cris de rage,
Une foule en délire, les bras nus et sanglans,
Insulter au malheur, aux plus nobles talens,
Demander, en suivant la fatale charrette,
Quelque nouveau proscrit, quelque nouvelle tête !
— Et si je tressaillais et d'horreur et d'effroi,
Le ciel m'en est témoin, ce n'était pas pour moi !

A. CHÉNIER.

Frère !

MARIE-JOSEPH.

Si je te dis ma crainte et ma souffrance,
C'est que je puis encor te parler d'espérance ;
De meilleurs jours viendront... attends-les et crois-
[moi.
Je t'en supplie, André, veille, veille sur toi...
Cache tes vers. — Bientôt finiront tes alarmes,
Mon père ! — ton André viendra sécher tes larmes.

A. CHÉNIER.

Mon père ! Ah ! je sens trop ce qu'il a dû souffrir ;
Mon Dieu ! je n'aurai plus la force de mourir !

MARIE-JOSEPH.

Et tu ne mourras pas ! Rappelle ce courage
Qui t'a rendu si calme au milieu de l'orage,
Inébranlable et ferme en face de la mort,
Ton cœur faiblirait-il, quand tu touches au port ?
— De mon père en ce jour transporté d'allégresse
Moi-même je pourrai recouvrer la tendresse...

A. CHÉNIER.

Que dis-tu ?

MARIE-JOSEPH, avec un soupir.

Triste fruit de nos divisions,
Dans ce temps de discorde et de dissensions,
Le fils n'a pas toujours le drapeau de son père,
C'est mon crime à ses yeux... mais bientôt, je l'es-
Nous saurons le fléchir.   [père,

A. CHÉNIER.

Oh ! je le fléchirai.
Joseph, en ta faveur, c'est moi qui parlerai...
Je lui dirai : Joseph est un autre moi-même,
Il vous chérit, mon père, autant que je vous aime,
Mon cœur répond du sien.

MARIE-JOSEPH.

On vient. Séparons-nous.

A. CHÉNIER.

Attends encore...
(Volant au devant d'un vieillard auquel le guichetier
a ouvert.)
Eh ! quoi... mon père, est-ce bien vous !...
— Vous proscrit ?...

∞∞∞∞∞∞∞∞∞∞∞∞∞∞∞∞∞∞∞∞∞∞∞∞∞∞∞∞∞∞∞∞∞∞∞

SCÈNE III.

ANDRÉ CHÉNIER, CHÉNIER PÈRE, MARIE-
JOSEPH.

CHÉNIER PÈRE.

Non, mon fils, non, bannis tes alarmes ;
Dans tes bras, mon André, si je verse des larmes,
C'est de bonheur... Oh ! oui de bonheur ! — car je
[viens
T'annoncer que moi-même ai brisé tes liens.
Que je t'embrasse encor ! — Sois donc calme, tu
[pleures ;

Sois moins faible que moi... Mon fils, dans quel-
Tu seras libre !   [ques heures

A. CHÉNIER.

Et vous ?...

CHÉNIER PÈRE.

Oh ! ne me crois donc pas
Prisonnier... Dans ces lieux si j'ai porté mes pas,
C'est que j'ai su fléchir l'autorité suprême.
Ils ont compris le cœur d'un père... Vois-toi-même,
Lis cet ordre...

A. CHÉNIER lit.

« 7 thermidor. Permis au citoyen Chénier de
» voir son fils André Chénier à la Conciergerie.
» Signé, ROBESPIERRE. »

MARIE-JOSEPH, comme frappé de la foudre.

Grand Dieu !

(A ce cri, Chénier père quitte la main d'André, il a re-
connu Marie-Joseph. Il se tourne vers lui, et le regardant froidement.)

Vous, monsieur, vous ici ?
Sans doute vous veniez pour le sauver aussi...
C'est bien : montrez pour lui le zèle qui m'anime,
Et de grand cœur alors je vous rends mon estime.
Voyons... Qu'avez-vous fait ? Vous aviez tout pou-
Parlez.   [voir,

MARIE-JOSEPH, avec une douleur concentrée.

Je me tairai ; mais j'ai fait mon devoir.

CHÉNIER PÈRE.

Votre devoir ! — Ils n'ont que ce mot à la bouche !
Tous ces hommes sans cœur dont la vertu farouche
Semble se faire un jeu des devoirs les plus saints ;
Qu'importe la nature à leurs nobles desseins ?
Qu'est-ce que tous ces mots, humanité, justice ?
Sur un vil échafaud, qu'un innocent périsse,
Qu'importe ! — Tout joyeux d'un lambeau de pou-
[voir,
Les mains rouges de sang, ils ont fait leur devoir !

MARIE-JOSEPH.

Oh !

A. CHÉNIER, cherchant à le calmer.

Calmez-vous, de grâce !

CHÉNIER PÈRE.

Oui, que ce soit un père,
Le meilleur des amis, le plus généreux frère,
Qu'est-ce que tout cela ? quand on eut comme toi
L'honneur d'abattre un trône et la tête d'un roi !

MARIE-JOSEPH.

Assez, mon père, assez ! ou j'oublierais peut-être...

CHÉNIER PÈRE, avec dignité.

Le respect qui m'est dû. — Vous en êtes le maître,
Moi, sur ta tête, objet de réprobation,
Je puis jeter un cri de malédiction !

A. CHÉNIER.

Arrêtez !

CHÉNIER PÈRE.

Loin de moi, régicide !

MARIE-JOSEPH.

Anathème !

ANDRÉ CHÉNIER.   2

CHÉNIER PÈRE.

Qu'as-tu fait pour mon fils?

MARIE-JOSEPH, douloureusement.

Qu'avez-vous fait vous-même?

CHÉNIER PÈRE.

Oh! je puis dire, moi, que j'ai fait mon devoir...
Tandis que tu briguais une part du pouvoir,
Sénateur de vingt ans, épiant la fortune
Des foyers du théâtre au pied de la tribune,
Je répandais alors, moi, des larmes de sang
Sur l'horrible destin de mon fils innocent;
Et lorsque ses sanglots, sous ces voûtes funèbres,
Dont nul rayon d'espoir n'éclairait les ténèbres,
Retentissaient, hélas! et venaient jusqu'à moi,
Superbe et radieux, tu te prélassais, toi,
Enivré de l'encens d'une foule insensée,
Par toi-même à son tour follement encensée;
A qui ta plume offrait le spectacle sanglant
D'un frère, entends-tu bien, oui, d'un frère im-
[molant
Son frère aux factions [*]. C'était là ton histoire,
Et tu pouvais chanter une si belle gloire!

MARIE-JOSEPH.

Quel outrage!

CHÉNIER PÈRE.

Voilà ce que vous avez fait!

MARIE-JOSEPH.

Non, je n'ai pas commis cet horrible forfait.

CHÉNIER PÈRE.

Et sans moi, l'avenir, juge intègre et sévère,
T'aurait crié: — Caïn! qu'as-tu fait de ton frère.

ANDRÉ CHÉNIER.

Mon père, au nom du ciel!..

CHÉNIER PÈRE [**].

Et moi, dans ma douleur,
Pauvre vieillard, courbé sous le poids du malheur,
J'attachais mes regards à ce cachot funeste,
Où gisait loin de moi le seul bien qui me reste;
Je demandais au ciel de partager son sort,
De me rendre mon fils ou me donner la mort;
Et puis je sanglotais, des jours, des nuits entières;
Et le ciel n'exauçait mes vœux, ni mes prières,
L'implacable échafaud frappait incessamment.
Mon Dieu! j'ai bien souffert, quel horrible tour-
[ment.
Souvent, le cœur brisé, palpitant, hors d'haleine,
Je voyais s'avancer une charrette pleine,
Fendant péniblement la foule... Et je croyais,
Malheureux! de mon fils reconnaître les traits.
Je m'étonnais, après tant de pleurs et d'alarmes,

Que de mes yeux encor pussent couler des larmes...
Aussi, je n'ai pas pu résister plus long-temps:
Le vieillard retrouva sa force de vingt ans
Pour sauver son enfant... Oui, mon André, je vole
Chez celui qu'il pouvait fléchir d'une parole;
Lui! — Je fus accueilli, tremblant, humilié,
Pour mon fils innocent j'ai prié, supplié.
Oh! je n'ai pas rougi d'employer la prière;
Et pour te délivrer, le front dans la poussière,
J'aurais, comme un esclave, embrassé ses genoux.
— Il me reçut d'un air et bienveillant et doux,
M'écouta. Je l'entends encore avec délice
Me répondre: « C'est bien, il sera fait justice,
» Et ton fils, citoyen, sortira dans trois jours. »

MARIE-JOSEPH, à part.

Dans trois jours!

CHÉNIER PÈRE [*].

Et ce terme expiré, moi, je cours
De nouveau l'implorer... — Une faveur dernière,
Lui dis-je, permettez, citoyen Robespierre,
Que j'annonce, moi-même à mon fils, qu'aujour-
l'heure de délivrance aura sonné pour lui, [d'hui
« — J'y consens, pour montrer à nos auteurs tra-
[giques
» Que j'entends aussi, moi, les scènes dramati-
Dit-il en souriant, [ques. »

MARIE-JOSEPH, accablé, à part.

Je le reconnais là.

Exécrable tyran!

CHÉNIER PÈRE.

Oui, mon André, voilà
Comment j'ai pénétré jusqu'à toi, Ton vieux père
A voulu le premier dire à son fils: espère.

(A Marie-Joseph.)

Et toi, qui le laissais égorger, m'entends-tu?
Je l'ai sauvé!

A. CHÉNIER.

Mon père!

MARIE-JOSEPH, tombant accablé de douleur sur une
chaise, à part.

Ah! vous l'avez perdu!

A. CHÉNIER.

Ecoutez-moi, mon père, à vos pieds qu'il embrasse,
Votre fils,... votre André vous demande une grâce,
Pardonnez à mon frère, il le faut, je le veux.

CHÉNIER PÈRE, avec gravité.

Non, non!

A. CHÉNIER, suppliant.

C'est le plus cher, le plus saint de mes vœux!
Joseph est innocent!

CHÉNIER PÈRE.

Innocent?

A. CHÉNIER.

Oui, mon père.

CHÉNIER PÈRE.

Qu'il me réponde alors; qu'a-t-il fait pour son frère?
Il pouvait chaque jour leur parler et les voir,
Ces hommes dont il aime et flatte le pouvoir...
L'a-t-il fait? Il pouvait m'épargner bien des larmes.
Ta pauvre mère, André, mourait dans les alarmes;
A-t-il pris pitié d'elle? A-t-il prié pour toi?

A. CHÉNIER.

Il se taisait, mon père, et vous saurez pourquoi!

CHÉNIER PÈRE.

Il se taisait, dis-tu; j'admire sa prudence!
Sont-ce là les effets de son indépendance?
De nos républicains voilà donc la fierté,
On se tait, on a peur... devant la liberté!
Oui, quand de toutes parts l'humanité vous crie
Que l'on souille en son nom l'autel de la patrie,
Qu'on proscrit votre frère, et que vous n'osez pas,
A la face du ciel, le sauver du trépas,
Moi, père, j'ai le droit de crier sans relâche,
Que vous n'avez rien fait, que vous êtes un lâche!

(Marie-Joseph se lève.)

A. CHÉNIER, passant près de Joseph.

Un lâche, lui, Joseph! — Oh! ne l'accusez pas!
Pourquoi dans ma prison a-t-il porté ses pas?...
Autant qu'il le pouvait, il a pris ma défense.
J'admire son courage...

(Serrant à la dérobée la main de Joseph.)

Et jusqu'à son silence...
Et... quand de ces tyrans l'impitoyable voix
Demandait à grands cris du sang et non des lois,
De ce noble théâtre où brille son génie,
Votre fils, mon Joseph, bravant la tyrannie,
D'une voix courageuse et d'un geste puissant,
Répondait aux bourreaux : Des lois et non du sang!
Il ne mérite pas vos reproches sévères.
C'est le meilleur des fils, c'est le meilleur des frè-
Doit-il se sacrifier à vos prétentions [res !
Son drapeau, son génie et ses convictions?
Oh! ne l'ignorez pas! la liberté qu'il aime
Est celle que j'adore et que je sers moi-même.
—Parce qu'un homme vil peut souiller son autel,
Dieu sera-t-il moins grand, moins pur, moins im-
[mortel?

(Attirant peu à peu Marie-Joseph près de son père.)

—Au nom de notre mère, oh! je vous en supplie,
Souffrez qu'en ma prison je vous réconcilie!
Si la mort m'arrachait au paternel foyer,
Sur qui mon pauvre père irait-il s'appuyer?
Ne me résistez pas... — Lève la tête, frère,
Et jetons-nous ensemble entre les bras d'un père!

MARIE-JOSEPH.

Mon père!

CHÉNIER PÈRE.

Mes enfans. — André... tu m'as vaincu,
Mon cœur est désarmé, s'il n'est pas convaincu...

SCÈNE IV.

LES MÊMES, BRUTUS, escorté de geôliers, paraissant tout à coup à la porte à droite du spectateur.

BRUTUS.

Chénier, au tribunal révolutionnaire;
On t'attend...

CHÉNIER PÈRE, avec effroi.

Oh! mon Dieu!

A. CHÉNIER.

Rassurez-vous, mon père.

CHÉNIER PÈRE, avec égarement et cherchant à le retenir.

Je suis anéanti, je reste confondu...
Te perdre encor, mon fils, quand tu m'étais rendu!

(Éclatant en sanglots.)

SCÈNE V.

LES MÊMES, HOCHE, PRISONNIERS, LA JEUNE
CAPTIVE, éperdue.

CHÉNIER PÈRE, avec désespoir.

Ils vont l'assassiner...

LA JEUNE CAPTIVE.

Ah! n'y va pas, mon frère,
Ils te condamneraient comme mon pauvre père,
Je l'aime! Grâce... Oh! non, vous ne le tuerez pas.

A. CHÉNIER.

Mais je n'ai rien à craindre.

LA JEUNE CAPTIVE.

Oh! je suivrai tes pas.
A tes genoux, André, s'il le faut, je m'attache.

(Aux geôliers qui s'avancent pour l'écarter.)

M'en arracher serait d'un infâme, d'un lâche!

(Se reprenant et suppliante.)

Pardon! — Mais ce serait quelque chose d'affreux
Si mes pleurs, mes sanglots ne pouvaient rien sur
La justice est si belle, et la pitié si douce! [eux.

(A Hoche.)   [pousse!

Vous, ne souffrez donc pas qu'ainsi l'on me re-

(A Brutus.)   (A Marie-Joseph.)

Vous, monsieur,... citoyen. — Vous, tout puissant ici!

(Brutus fait un geste impérieux pour qu'on la tienne à
distance.)

Vous êtes des bourreaux! tuez-moi donc aussi!

(Elle tombe sans connaissance.)

A. CHÉNIER, à Hoche.

Éloignez-la d'ici,... rentrez... je vous en prie,
Elle n'a plus que vous, et je vous la confie.

(Hoche emmène la jeune captive.)

BRUTUS, durement.

Etes-vous prêt enfin ?

A. CHÉNIER.

Encore un seul instant...

Mon père, vous quitter...Ah ! je vous aimais tant !
(A Marie-Joseph.)

Je pars... Épargnons-lui cette douleur cruelle...
Adieu, frère !

MARIE-JOSEPH.

Ah !

(André Chénier a repris toute sa fermeté. C'est le juste,
l'innocent qui va paraître devant ses bourreaux.)

SCÈNE VI.

CHÉNIER père, MARIE-JOSEPH.

CHÉNIER PÈRE, sortant de son accablement.

Mon fils... André... Je me rappelle...
Où donc est-il ?

MARIE-JOSEPH.

Mon père, au nom de votre amour,
C'est à nous de prier, d'agir à notre tour.
Employons la menace, employons la prière ;
Volez chez nos amis, je cours à Robespierre.
Dût pour moi l'échafaud se dresser aujourd'hui,
Je veux sauver mon frère ou mourir avec lui !
(Il entraîne son père.)

ACTE TROISIÈME.

LA JEUNE CAPTIVE.

SCÈNE I.

HOCHE, seul, debout, appuyé contre la colonne.

C'est là qu'il doit descendre. Épouvantable attente !
Oh ! comme mon cœur bat ! que l'heure marche
[lente !
Lui, mon ami, mon frère.... avec tant de talent,
Mourir... mourir si jeune et quand on l'aimait
(Il remonte la scène.)   [tant !
Il est là... seul... devant ce tribunal terrible !
Et moi, moi, je ne puis rien pour lui. — C'est hor-
(Écoutant)   [rible...
Si je pouvais entendre... Écoutons... Oui, merci,
Mon Dieu ! merci, leurs voix arrivent jusqu'ici.
— L'accusateur public l'interroge, il l'accuse
De haute trahison... lui, lui ! Chénier refuse
De répondre... Il se tait. — L'accusateur reprend,
Il l'interroge encore... il le presse... il attend
Sans doute, O ciel ! André ne veut pas se défendre.
C'en est fait ! Approchons. On ne peut rien en-
[tendre.
Est-ce qu'ils oseraient le condamner, mon Dieu !
Sans défense, sans preuve... il leur en faut si peu !
Ciel ! quel silence ! — On lit la sentence à voix
[basse.
Je ne puis rien saisir, rien de ce qui se passe.
Honteuse de ses coups, la justice paraît
Ne point oser tout haut proclamer son arrêt !
(La porte s'ouvre.)

SCÈNE II.

HOCHE, sur le devant de la scène. ANDRÉ CHÉ-
NIER, il est plus pâle, il descend lentement jusqu'au
bord du théâtre.

HOCHE, avec anxiété.

Eh bien?...

A. CHÉNIER.

Eh bien, ami, condamné !

HOCHE.

C'est infâme !
Mais j'en deviendrai fou... Mais ils n'ont donc point
[d'âme.
Misérables ! C'est moi, Hoche, m'entendez-vous,
Moi qui vous hais et veux vous faire pâlir tous !
En me frappant moi-même, achevez votre outrage,
Il me tarde d'aller leur cracher au visage.

A. CHÉNIER.

Du calme... Ce courroux ne me sauvera pas.
Soldat, le ciel vous doit un plus digne trépas !
Vivez ! j'en ai besoin. — Dans cette grande
[épreuve,
Ami, je vous demande une dernière preuve
Du noble attachement que vous m'avez juré ;
C'est le vœu d'un mourant...

HOCHE, brisé par le désespoir.

Et je l'accomplirai.
Parlez... parlez.

A. CHÉNIER.

Je songe à tout ce que je laisse...

Mes parens, mes amis... tant d'amour, de ten-
Hélas! ils espéraient encore me revoir... [dresse!
M'embrasser... Conçois-tu leur affreux désespoir,
Quand sur le sort d'un fils dont ils pleuraient
[l'absence,
Leurs plus proches amis garderont le silence...
Eh bien! je t'en supplie, ô mon meilleur ami,
Je vous quitterai tous d'un pas plus affermi,
Jure que si tu peux, tu verras mon vieux père,
Que tu n'oublieras pas ma bonne et tendre mère,
Et que tu leur diras, du moins après ma mort,
Que mon dernier soupir était pour eux encor....
Quand je ne serai plus, qu'un ami les console,
Porte-leur mes adieux, ma dernière parole...
— Pauvre père! il croyait me sauver aujourd'hui!
Qu'il sache... qu'en partant je t'ai parlé de lui.
Je ne te dirai rien de ma jeune captive;
Tu connais ma tendresse; et quand la mort la prive
De son seul défenseur, tu me remplaceras;
Dans le monde après moi tu là protégeras.
Le bourreau va venir. Que mon sort s'accomplisse!
Martyr, j'attends sans peur l'heure du sacrifice.
Si je pouvais, du moins, penser qu'André Chénier,
Mourant sur l'échafaud, ne meurt pas tout entier!
C'est un rêve insensé, mais enfin c'est mon rêve!
(Il tire de son sein un petit cahier.)
Ces pages que le ciel ne veut pas que j'achève,
A qui j'ai confié de si pures amours,   [jours,
Ami, prêt à vous fuir pour long-temps... pour tou-
Souffrez qu'entre vos mains en partant je les laisse.
Du poète qui meurt excusez la faiblesse.
Les voilà... gardez-les... et maintenant, adieu!
Vous ne me reverrez que dans le sein de Dieu.

HOCHE.

Oui, je le jure, André, ton sublime génie
Survivra pour le monde à ta lente agonie;
Tu vivras, noble ami, dans ce dépôt sacré;
Pour qu'on t'admire un jour je le conserverai.
Tu peux mourir en paix.

A. CHÉNIER.

Merci, j'y comptais, frère,
Oh! que la liberté vous rende à votre mère...
Mourez, vous, plein de jours, invincible, invaincu,
Que l'on ne dise point : — Ah! s'il avait vécu!
Que les fleurs de la tombe, entourant votre image,
Tristes, ne disent pas : — Il est mort avant l'âge!

HOCHE.

Noble cœur! quel lien m'unit donc avec toi?
Tout ce que tu ressens, je l'éprouve aussi, moi...
Tu meurs et moi je suis dans la vigueur de l'âge,
Portant, comme un fardeau, le poids de mon cou-
[rage!
Je vaincrais une armée, et dans ces lieux obscurs,
Je ne puis que briser mon front contre ces murs,
Je ne puis que crier : anathème!... anathème!...
Là-haut comme ici-bas, tout se tait... Dieu lui-
[même,
Qui laisse entre les mains de ces hommes de sang

L'exécrable pouvoir de tuer l'innocent!
(Sanglotant.)
Je ne puis rien pour toi, rien... rien!...

A. CHÉNIER.

Ami fidèle,
Tu peux beaucoup pour moi, tu veilleras sur elle,
Sur elle que mon cœur à ses derniers momens
Te recommande encor... Qu'elle ignore long-
(Mouvement douloureux de Hoche.) [temps...
Calmez-vous donc, ami, le coup qui va m'atteindre
Ne me fait pas trembler.

HOCHE.

Ah! tu n'es pas à plaindre,
Je souffre plus que toi.

A. CHÉNIER, se faisant violence.

Moi, je ne souffre pas.
La vie est un fardeau... Qu'est-ce que le trépas?
Ils auront à souffrir des misères humaines
Ceux qui me survivront...
(Ici la jeune captive arrive doucement. L'anxiété la
plus vive est peinte sur son visage; elle cherche à
surprendre ce qu'ils disent.)
Moi j'ai brisé mes chaînes,
(Tendant les bras à Hoche.)
Je suis libre!

LA JEUNE CAPTIVE, se montrant alors.

O bonheur!

ooooooooooooooooooooooooooooooooooooooooooooooooooo

SCÈNE III.

ANDRÉ CHÉNIER, LA JEUNE CAPTIVE, HOCHE.

A. CHÉNIER.

Juste ciel!

LA JEUNE CAPTIVE.

Je tremblais,
Je n'osais approcher, et pourtant je voulais,
Inquiète, connaître enfin ma destinée,
Par un amour si pur à la vôtre enchaînée.
Le ciel, vous le voyez, a pitié de mon sort;
On m'eût tuée, André, par votre arrêt de mort!

A. CHÉNIER.

Oh!

LA JEUNE CAPTIVE.

Mais ne parlons plus de nos craintes passées.
Vous, libre, je n'ai plus que de douces pensées;
Oh! que j'ai de bonheur! Poète gracieux,
Jouis en liberté de la beauté des cieux...
Triste et long-temps captif, après sa délivrance,
Plus tendre, plus joyeux, l'oiseau chante et s'é-
[lance.
Que tes chants seront doux! que de fleurs sous tes
[pas,
Que de pures amours! — Tu ne m'écoutes pas.
Pourquoi cette pâleur qui couvre ton visage?
Tu gémis?

A. CHÉNIER, à part.
Je ne puis résister davantage.
LA JEUNE CAPTIVE.

Il est triste, rêveur... Oh ! je sais bien pourquoi...
Tu voudrais, n'est-ce pas? me voir libre avec toi.
Dieu, qui lit dans nos cœurs, n'est pas assez bar-
[bare
Pour vouloir que le sort à jamais nous sépare.
La main qui te délivre à mon secours viendra,
Le jour qui te sourit bientôt me sourira. [amère ?
Sois donc heureux !... Pourquoi cette tristesse
Songe donc que bientôt tu vas revoir ta mère...
A. CHÉNIER.
Ma mère ! Ah ! c'en est trop !
LA JEUNE CAPTIVE.
Moi, j'attends l'avenir
Avec mon espérance... et votre souvenir.
Ah ! ne songez donc plus à moi, je vous supplie,
Je n'entends pas par là que votre cœur m'oublie.
Nous parlerons de vous, mon André, tous les jours,
Et pour me consoler, vous serez là toujours.
Voyons, soyez moins triste, il le faut, je l'ordonne.
A. CHÉNIER.
Moins triste, dites-vous, quand je vous abandonne !
LA JEUNE CAPTIVE.
Est-ce que vous craignez que l'absence?... Jaloux !
Ne savez-vous pas bien que je n'aime que vous ?
A. CHÉNIER, regardant à gauche avec inquiétude.
(Bas à Hoche.)
Je tremble à chaque instant...
HOCHE, lui serrant la main.
(Haut.)
Ami, l'heure s'avance.
LA JEUNE CAPTIVE.
André, je vous retiens, je vois, par ma présence...
Je m'en vais... — car une autre, hélas ! depuis
[long-temps
Compte dans sa douleur les heures, les instans...
Allez la consoler, moi, je suis jeune et forte.
A. CHÉNIER, l'embrassant sur le front à plusieurs re-
prises.
Adieu !...
LA JEUNE CAPTIVE.
Non, au revoir !
(Elle rentre avec Hoche.)

SCÈNE IV.

ANDRÉ CHÉNIER, seul.

La nature l'emporte !
Adieu, courage vain, menteuse fermeté !
Coulez, coulez mes pleurs en toute liberté !
— Ta gaîté, chère enfant, a brisé mon courage.
Allons, remettons-nous, plus de pleurs, plus de
[rage,

Apprenons comme on doit mourir à ces bour-
[reaux...
Malfilâtre, Gilbert ! du fond de vos tombeaux
Sortez, je vous convie à cette horrible fête...
Venez, sur l'échafaud voyez rouler ma tête,
Place au milieu de vous, poètes morts de faim,
André Chénier demande à vous donner la main !
(Huit heures sonnent dans le lointain.)

SCÈNE V.

ANDRÉ CHÉNIER, BRUTUS, dans le fond.
GEOLIERS.

BRUTUS.
C'est à toi, citoyen, descends.
A. CHÉNIER.
Séchons nos larmes.
Adieu, séjour d'horreur où je trouvai des charmes,
Ange que j'aimai tant et d'un si pur amour,
Êtres chers à mon cœur dont je reçus le jour,
Qui ne saurez pas même où ma cendre repose,
Adieu !
(Il fait quelques pas.)
Mourir...
(Se frappant le front.)
Pourtant j'avais là quelque chose !
(Il sort avec fermeté.)

SCÈNE VI.

LA JEUNE CAPTIVE, à la cantonade.

Laissez-moi, mes amis, pourquoi me retenir ?
Seule j'ai dans ces lieux besoin de revenir...
Oui, mon cœur a besoin de calme et du silence,
Je sens de ma douleur toute la violence ;
Je souffre... Si je suis heureuse de le voir
Libre enfin... pourquoi donc ce morne désespoir ?
Tout à l'heure pourtant je parlais de ma joie,
Voilà que maintenant, à l'amertume en proie,
Je suis prête à pleurer... Quel vide autour de moi !
Ces murs me font horreur et me glacent d'effroi.
Quel aspect effrayant ! que ce cachot est sombre !
J'entends comme des voix qui gémissent dans
[l'ombre.
Qui m'appelle ? J'ai peur ; tout m'attriste, et je
[crois
Que j'entre dans ces lieux pour la première fois.
Tout m'y parle de deuil, de tristes funérailles,
Mon œil épouvanté ne voit sur les murailles
Que des traces de sang ! — Ah ! quand il était là,
Heureuse, je n'avais rien vu de tout cela !
Sa voix allait à l'âme ainsi qu'une prière,

C'est ainsi qu'il venoit ; souvent sur cette pierre
Il s'asseyait ; c'est là que sa lampe veillait
Tandis que le geolier loin de nous sommeillait ;
Mais moi, je le voyais, palpitante, attentive,
Qui traçait à la hâte, et d'une main furtive,
Ces vers mélodieux que l'avenir lira,
Où peut-être de moi son cœur se souviendra !
—J'entends un bruit confus...On dirait que la foule
Se presse autour des murs et suit un char qui roule.
Je ne me trompe pas... on court de tous côtés ;
Des voix disent au loin : C'est assez, arrêtez !
Arrêtez !—Qu'est-ce donc que ce bruit populaire ?
J'implore, ô Dieu puissant ! ta bonté tutélaire.

(Elle se met à genoux.)

Si c'est quelque innocent qu'ils veulent égorger,
Pitié, pitié, mon Dieu, daigne le protéger !
Je n'entends plus déjà qu'une rumeur lointaine,
Qui, sourde, jusqu'à moi n'arrive qu'avec peine.
J'écoute... Non, plus rien ; comme dans la stupeur,
Tout se tait. C'est un calme à présent qui fait peur.
Ne suis-je point en proie à quelque horrible songe ?
Que se passe-t-il donc?... Tout à l'heure, j'y songe,
Il était triste, morne... en me disant adieu !

(Avec terreur.)

Quel coup a retenti dans mon âme !.... Grand Dieu !
(Elle chancelle et tombe sur le banc. Grand bruit dans
Paris. 9 thermidor. Les geoliers passent dans le
fond, ouvrant les portes aux prisonniers. Hoche
court à la jeune captive.)

SCÈNE VII.

LES MÊMES, MARIE-JOSEPH, se précipitant sur la
scène par la porte du milieu.

(De la coulisse.)
André ! viens !
  LA JEUNE CAPTIVE, se soulevant à demi.
    Que dit-il ?...
  (Grande foule au dehors.)

MARIE-JOSEPH, parcourant le théâtre à grands pas et
appelant de toutes ses forces.
    André ! c'est moi, mon frère,
Viens, accours ; m'entends-tu? Viens, viens trou-
[ver mon père.
Où donc est-il ? — André !
  HOCHE, vivement et lui montrant la jeune captive.
    Silence !
MARIE-JOSEPH, avec une terreur toujours croissante.
    André Chénier !
(Interrogeant des yeux tous les captifs, et leur saisis-
sissaut les bras.)
Il est là, n'est-ce pas? Il est là prisonnier ?...
  (A Hoche.)
Oh ! vous ne l'avez pas laissé partir !
  HOCHE.
    Arrête !
  MARIE-JOSEPH.
Ils l'ont tué !... Mon Dieu !... c'est la dernière tête
Qu'a prise l'échafaud...
  LA JEUNE CAPTIVE, retombant de tout son poids.
    Qui me soutient ainsi ?
  HOCHE.
Votre ami, votre frère !
  LA JEUNE CAPTIVE, avec un souvenir expressif.
    Oh ! je suis libre aussi !
—Pourquoi me relever? Non! laissez-moi, de grâce,
Laissez-moi, car je veux mourir à cette place.
  HOCHE.
J'ai juré de veiller, moi, sur votre avenir,
C'est un serment sacré...
  LA JEUNE CAPTIVE.
    Vous vouliez le tenir...
Il le saura... Je vais le lui dire... Adieu...
(Elle tombe sur le bras de Hoche, qui est à genoux
près d'elle.)
  HOCHE.
    Morte !
Lorsque la Liberté frappait à cette porte...
Ils s'aimaient, et le ciel devait les réunir ;
Mais pourquoi le tombeau... quand brillait l'avenir?

FIN D'ANDRÉ CHÉNIER.

Paris.—Imprimerie de BOULÉ et Cᵉ, rue Coq-Héron, 3.